AF312685

10 Décembre 1883

SOCIÉTÉ DES MARBRES ET BRONZES ARTISTIQUES DE PARIS

EN LIQUIDATION

DEUXIÈME VENTE

Les Lundi 10 et Mardi 11 Décembre 1883, à 2 heures

A L'HOTEL DROUOT, SALLE N° 1

BEAUX

BRONZES D'ART

ET

D'AMEUBLEMENT

TRÈS BELLE GARNITURE DE CHEMINÉE AVEC FIGURES EN MARBRE BLANC

ÉMAUX CLOISONNÉS, PORCELAINES DE CHINE

MARBRES

PAR

MM. Clésinger, Falguière, Marcello, Cambos, Aizelin
E. Robert

DEUX GROUPES d'après Clodion et d'après Coustou

TABLEAUX

EXPOSITION PUBLIQUE

Le Dimanche 9 Décembre 1883, de 1 heure 1/2 à 5 heures

M° ESCRIBE	M. G. SERVANT ☀
COMMISSAIRE-PRISEUR	EXPERT
Rue de Hanovre, n° 6	Rue de Saint-Lazare, n° 61

PARIS — 1883

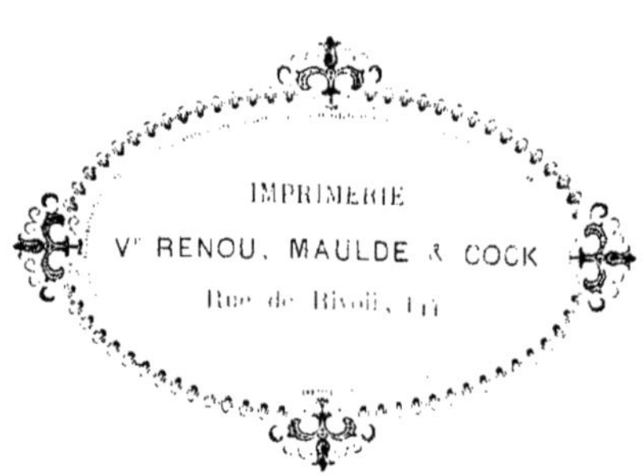

IMPRIMERIE
V RENOU, MAULDE & COCK
Rue de Rivoli, 144

SOCIÉTÉ DES MARBRES ET BRONZES ARTISTIQUES DE PARIS
EN LIQUIDATION

DEUXIÈME VENTE

Les Lundi 10 et Mardi 11 Décembre 1883, à 2 heures

À L'HOTEL DROUOT, SALLE N° 1

BEAUX

BRONZES D'ART

ET

D'AMEUBLEMENT

TRÈS BELLE GARNITURE DE CHEMINÉE AVEC FIGURES
EN MARBRE BLANC

Statues, Statuettes, Groupes, Bustes, etc.

Garnitures de cheminées, grands Vases, Colonnes, Table, Écran, etc.

Lustres, Lampadaires, Torchères, Lampes, etc.

ÉMAUX CLOISONNÉS

JARDINIÈRES, GUÉRIDONS, FLAMBEAUX, VASES ET DIVERS

Porcelaines de Chine

MARBRES

STATUES, STATUETTES, GROUPES ET BUSTES

PAR

MM. Clésinger, Falguière, Marcello, Cambos, Aizelin, E. Robert

DEUX GROUPES d'après Clodion et d'après Coustou

Belle Statue en bois : LE VAINQUEUR AU COQ, de Falguière

TABLEAUX

EXPOSITION PUBLIQUE

Le Dimanche 9 Décembre 1883, de 1 heure 1,2 à 5 heures.

------ ⊰⊹⊱ ------

Mᵉ ESCRIBE	**M. G. SERVANT ✳**
COMMISSᵉ-PRISEUR	EXPERT
Rue de Hanovre, n° 6	Rue de Saintonge, n° 61

PARIS -- 1883

CONDITIONS DE LA VENTE

—

Elle sera faite au comptant.

Les Acquéreurs paieront, en sus des adjudications, CINQ CENTIMES PAR FRANC, applicables aux frais.

Aucune réclamation ne sera admise une fois l'adjudication prononcée.

DESIGNATION

MARBRES

STATUES, STATUETTES ET BUSTES

AIZELIN

1 — Une Statuette **Merveilleuse** (Tenue
de bal).

Grandeur demi-nature.

AIZELIN

2 — Une Statuette **Merveilleuse** (Tenue
de ville).

Grandeur demi-nature.

AIZELIN

3 — Un Buste **Fiancée.**

Grandeur nature.

AIZELIN

4 — Un Buste **Sortie du bal.**

Grandeur nature.

AIZELIN

5 — **Colin-Maillard.**

Grandeur nature.

CAMBOS

6 — Une Statue **la Femme adultère.**

Grandeur nature.

CLÉSINGER

7 — Une Statuette **Hélène.**

Grandeur demi-nature.

CLÉSINGER

8 — Un Groupe **Bacchante sur le bouc.**

Grandeur deux tiers nature.

CLÉSINGER

9 — Un Groupe **Néréide sur tigre marin.**

CLÉSINGER

10 — Un Groupe **Charmeuse.**

Réduction.

CLODION (D'après)

11 — Un Groupe **Faune et Bacchante.**

Sur socle porphyre. garniture bronze doré au mercure.

COUSTOU (D'après)

12 — Un Groupe **Femme entrainee par l'Amour.**

Grandeur demi-nature.

FALGUIÈRE

13 — Une Statue **Marguerite à l'église.**
Grandeur nature.

FALGUIÈRE

14 — Une Statuette **Ophélie.**
Grandeur demi-nature.

FALGUIÈRE

15 — Une Statuette **la Source.**
Marbre blanc.
Grandeur demi-nature.

Avec socle marbre blanc, garniture bronze doré mat.

FALGUIÈRE

16 — Un Buste **Danseuse égyptienne.**
Grandeur nature.

MARCELLO

17 — Un Buste **Abd-el-Kader.**

E. ROBERT

18 — Un Buste **Marie d'Étrurie.**
Grandeur de l'original

SCULPTURE EN BOIS

FALGUIÈRE

19 — Une Statue **Vainqueur au coq.**
Grandeur nature.

TERRES CUITES

CLÉSINGER

20 — La **Jeunesse de Bacchus.**
Grandeur de l'original.

CLÉSINGER

21 — La **Danseuse aux cymbales.**
Grandeur demi-nature.

CLÉSINGER

22 — La **Danseuse au tambourin.**
Grandeur demi-nature.

CLÉSINGER

23 — La **Charmeuse.**
Grandeur demi-nature.

CLÉSINGER

24 — **Ariane sur le tigre.**
Grandeur demi-nature.

CLÉSINGER

25 — **Ariane sur le tigre.**
Grandeur deux tiers nature.

CLÉSINGER

26 — **Lucrèce mourante.**
Grandeur demi-nature.

CLÉSINGER

27 — Combat de de taureaux.
Grandeur demi-nature.

CLÉSINGER

28 — Tête de fantaisie.

CLÉSINGER

29 — Tête de fantaisie.

BRONZES

STATUES, STATUETTES, GROUPES BUSTES, ETC.

30 — Une Statue Cléopâtre.
Grandeur nature.
Sur socle bronze.
Vieil or.

CLÉSINGER.

31 — Une Statue **Esclave.**
Grandeur nature.
Bronze médaille.

LANZIROTTI.

32 — Une Figure **Danseuse égyptienne.**
N° 2.
Statuette.
Bronze médaille et or.

FALGUIÈRE.

33 — Une Figure **Cléopâtre morte.**
Bronze médaille.
Embase marbre rouge.

CLÉSINGER.

34 — Un Groupe **Ariane.**
Demi-nature.
Bronze médaille.

CLÉSINGER.

35 — Un Groupe **Jeunesse de Bacchus.**

>Demi-nature.
>
>Bronze médaille.

CLÉSINGER.

36 — Une Statuette **Merveilleuse** (Tenue
de ville).

>Demi-nature.
>
>Vieil or.

AIZELIN.

Une Statuette **Merveilleuse** (Tenue de
bal).

>Demi-nature
>
>Vieil or.

AIZELIN

37 — Un Groupe **Néréide.**

>Bronze médaille.
>
>Embase marbre rouge.

CLÉSINGER.

38 — Une Statuette **Arlequin.**
Demi-nature.
Bronze médaille.

E. CARLIER.

39 — Une Statuette **Pierrot.**
Demi-nature.
Bronze médaille.

E. CARLIER.

40 — Une Statuette **Galathée.**
N° 2.
Bronze.
Frotté d'or.

FALGUIÈRE.

41 — Un Groupe **Femme entraînée par l'Amour.**
Demi-nature.
Bronze.

COUSTOU.

42 — Une Figure **Danseuse au Tambourin.**

>Statuette.

>Deux tiers nature.

>Vieil or.

>CLÉSINGER.

43 — Une Statuette **Cléopâtre.**

>N° 6.

>Statuette sur socle bronze.

>Décor argent semé d'or

>CLÉSINGER.

45 — Un Buste **Bacchante.**

>Grandeur nature.

>Bronze vert fumé.

>CLÉSINGER.

46 — Un Buste **Faune.**

Grandeur nature.

Bronze vert fumé.

CLÉSINGER.

47 — Un Buste **Cléopâtre.**

Grandeur nature.

Bronze médaille.

CLÉSINGER.

48 — Un Buste **Jeunesse.**

Grandeur nature.

Bronze médaille.

CLÉSINGER.

49 — Un Buste **Femme aux lierres.**

Grandeur nature.

Décor vieil or.

CLÉSINGER.

50 — Un Buste **Femme à la rose.**
>Grandeur nature.
>
>Décor vieil or.
>
>>CLÉSINGER.

51 — Un Buste **Ariane,**
>Grandeur nature.
>
>Bronze médaille.
>
>>CLÉSINGER.

52 — Un Buste **Bacchante.**
>Grandeur nature.
>
>Bronze vert fumé.
>
>>CLÉSINGER.

53 — Un Buste **Faune.**
>Grandeur nature.
>
>Bronze vert fumé.
>
>>CLÉSINGER.

54 — Un Buste **Femme aux lierres.**
N° 4.
Vieil argent.

CLÉSINGER.

55 — Un Buste **Femme à la rose.**
N° 7.
Or et argent.
Colonne guirlande.

CLÉSINGER.

Un Buste **Mai.**
Or et argent.

CLÉSINGER.

56 — Un Buste **Mai.**
Or et argent.

CLÉSINGER.

Un Buste **Femme à la rose.**
N° 7.
Or et argent.
Colonne guirlande.

CLÉSINGER.

57 — Un Groupe **Hibou sur tortue.**

N° 3.

Bronze vieil argent.

CLÉSINGER.

58 — Un Buste **Christ** (dernier regard).

N° 4.

Bronze fumé.

CLÉSINGER.

59 — Un Buste **Christ** (dernier regard).

N° 3.

Bronze fumé.

CLÉSINGER.

60 — Un Buste **Pâris**.
    Nº 4.
    Vieil argent.

Un Buste **Mai**.
    Nº 4.
    Vieil argent.

CLÉSINGER.

61 — Un Buste **Femme aux lierres**.
    Nº 4.
    Vieil argent.
    Socle bleu turquin.

Un Buste **Danseuse**.
    Nº 5.
    Vieil argent.

Un Buste **Femme à la rose**.
    Nº 4.
    Socle onyx

CLÉSINGER.

GARNITURES DE CHEMINÉES
GRANDS VASES
COLONNES, TABLE LOUIS XVI
ÉCRAN, etc.

62 — Une très belle **Garniture de Cheminée**. composée de :

Une **Pendule**. Amour indécis.

Figures en marbre blanc, garniture bronze doré au mercure.

Haut. 0"97.

Une paire de **Cassolettes**.

Marbre blanc, garniture bronze doré au mercure.

Une paire de **Flambeaux** d'accompagnement.

E. Carlier, sculpteur.

63 — Une **Garniture de cheminée,**
composée de :

Une **Pendule** marbre noir.

Garniture bronze noir et or.

Un groupe **Julien de Médicis,** même
décor.

Une paire de **Candélabres** à 5 lumières
d'accompagnement.

Une paire de **Flambeaux** d'accompagnement.

Cette garniture sort des ateliers de la
maison Barbedienne.

64 — Une grande **Pendule** Louis XIV, à
ornements (Victor Paillard).

Haut. 0^m95, larg. 0^m85.

65 — Une paire de **Candélabres** Louis XVI.

Cassolettes marbre rouge, bronze doré.

66 — Une paire de **Vases** Louis XVI.

Granit rose, garniture bronze doré au mercure.

67 — Une paire de **Vases** Colbert.

Têtes de Méduse, granit rose, garniture dorée au mercure.

68 — Une paire de **Vases** Colbert.

Marbre brèche violette, garniture en bronze doré au mercure.

69 — Une paire de **Vases** Condé.

Marbre rouge antique.

70 — Une paire de **Colonnes** carrées, style Louis XIV.

Marbre serpentine verte, garniture en bronze doré.

71 — Une **Colonne** Louis XVI.

> Marbre rouge antique, garniture vieil
> or.

72 — Un **Miroir** carré émail de Limoges.

> Garniture dorée au mercure.

73 — Une **Table** Louis XVI en bronze doré
au mercure.

> Dessus en granit rose.

74 — Un **Écran** Louis XVI à glace gravée.

> Bronze doré.

75 — Une **Jardinière** Renaissance, trépied.

> Cuivre rouge poli.

LUSTRES, LAMPADAIRES, TORCHÈRES
LAMPES, ETC.

---

76 — Un **Lustre** Louis XIV a figures.

Pour le gaz.

Bronze doré.

77 — Un **Lustre** Œil-de-Bœuf Louis XIV.

doré et à cristaux, a 36 lumières.

78 — Un **Lustre** Renaissance. 15 lumières.

Platiné.

79 — Un **Lustre** Louis XIII. 24 lumières.

Platiné.

80 — Deux **Lampadaires** en fer forgé.

Cuivre rouge. Renaissance.

81 — Une paire de **Lampadaires, style Louis XIV**.

> Bronze poli avec bouquets, à 13 lumières, avec cristaux.

82 — Une paire de **Lampadaires Renaissance**.

> Platine et or.

83 — Une paire de **Torchères Faune-Bacchante et Amours**.

> Les figures sont en marbre blanc et les gaînes en granit rose. Les bouquets s'échappant des corbeilles supportées par les figures sont à 21 lumières et à cristaux.
>
> Les montures en bronze sont dorées au mercure.

84 — Un **Lampadaire à quatre Éléments**.

> Bronze fumé frotté d'or.
>
> A cinq lampes.
>
> Par Plat.

Haut. 3ᵐ20.

85 — Une paire de **Lampes**, grands rouleaux à Dragons.

> Émail cloisonné de la Chine. garniture
> vieil or.

86 — Une paire de **Lampes** rouleaux.

> Émail cloisonné de Chine. fond bleu à
> fleurs, monture têtes d'éléphant.
>
> Bronze noir et or.

87 — Une paire de grandes **Lampes**.

> Émail cloisonné de Chine. forme
> gourde. Anses et pieds Chimères dé-
> corés vieil or.

88 — Une paire de **Bouts-de-Table** Amour
indécis.

> N° 1.
>
> Sur acajou. garniture or au mercure.

COUPES, PORTE-BOUQUETS
BRULE-PARFUMS, BAGUIERS
ENCRIERS, ETC.

---

89 — Un Grand **Porte - Bouquet**
Louis XVI.

Doré et cristal.

90 — Deux **Porte-Bouquets** à figures.

Vieil or.

91 — Deux **Porte-Bouquets** à figures.

Vieil or.

92 — Une paire de **Porte-Bouquets**.

N° 4.

Vieil argent.

93 — Une paire de **Porte-Bouquets.**

N° 1.

Vieil or.

94 — Une paire de **Porte-Bouquets.**

N° 3.

Vieil or.

95 — Une paire de **Porte-Bouquets.**

N° 1.

Vieil or.

96 — Un **Porte-Bouquet** trois hérons.

Décor vieil argent.

97 — Un **Brûle-Parfums** Chiens.

Vieil or.

98 — **Brûle-Parfums** Chiens.

Bronze.

Demi-rouge poli.

99 — Un **Brûle-Parfums**.

N° 1.

Vieil argent à couvercle.

100 — Deux **Baguiers** onyx.

Coquille Dauphin.

Décor vieil argent.

101 — Deux **Baguiers** onyx.

Coquille Dauphin.

Décor vieil argent.

102 — Un **Baguier** onyx.

Coquille Dauphin.

Décor vieil argent.

103 — Un **Timbre** grec.
Vieil argent.

Un **Baguier** Satzuma (Têtes d'éléphant).
Décor vieil or.

104 — Deux **Baguiers,** onyx.

Pieds trois Dauphins.

Vieil argent.

105 — Deux **Baguiers,** onyx.

Pieds trois Dauphins.

Vieil argent.

106 — Deux **Baguiers**, onyx.

> Trois Dauphins.

> Vieil argent et oxydé.

107 — Un **Baguier**, onyx.

> Trépied Éléphant.

> Vieil argent.

108 — Un **Baguier** Chimères.

> Coupe marbre noir oxydé.

109 — Un **Baguier**.

> Émail cloisonné français Têtes d'élé-
> phant.

> Vieil argent.

110 — Deux **Baguiers** trépied, deux anses.

> Vieil or.

111 — Deux **Baguiers** trépied. deux anses.

Vieil or.

112 — Deux **Baguiers** trépied. deux anses.

Vieil or.

113 — Un **Baguier** trépied. deux anses.

Vieil or.

Une **Jardinière** ronde. deux anses.

Vieil or.

114 — Un **Baguier**. trois enfants.

Vieil or.

115 — Deux **Jardinières** rondes à patins.

Vieil or.

116 — Un **Encrier** Louis XIII.

Rond, nickelé.

117 — Une paire de **Buires** à anses.

Vieil or

DIVERS

—

118 — Une **Coupe** Cyprins, genre chinois, forme rectangulaire.

Bronze fumé frotté d'or.

Médaillon émail.

119 — Une **Coupe** ovale, turquoise.

120 — Deux **Jardinières** carrées.

Vieil or et vieil argent.

121 — Deux **Jardinières** carrées.

Vieil argent.

122 — Une **Jardinière** Tortue.

Vieil or.

123 — Deux **Jardinières** Cygne.

Vieil or.

124 — Une **Jardinière** Tortue.

Vieil argent.

125 — Une **Jardinière** carrée, à chimères.

Vieil or.

126 — Une **Jardinière** carrée, à figures.

Vieil or.

127 — Une paire de **Buires** Raisins.

Vieil or.

128 — Une paire de **Buires** Raisins.

Vieil argent.

129 — Une paire de **Buires**.

Vieil or.

130 — Une **Bonbonnière** Melon.

Vieil or.

131 — Une **Bonbonnière** Melon.

Vieil or.

132 — Deux **Vases** Corynthe.

N° 2.

Bronze vert.

133 — Une paire de **Vases** Aiguières.

Bronze, or et argent.

134 — Un **Brûle-Parfums** Chiens.

Bronze chinois, vieil or.

135 — Une paire de **Vases**, bronze japonais.

Animaux, or et argent.

136 — Un **Plat** Paon.

Émail cloisonné français.

137 — Un **Cavalier** chinois.

Vieil or.

138 — Une **Plaque** ronde.

Porcelaine de Chine.

Cadre doré au mercure.

139 — Une **Table** en bois de fer poli.

Chine.

140 — Un Groupe **Divinité chinoise** à douze bras.

Bronze chinois.

141 — Un Groupe **Divinité chinoise** debout sur un dragon.

Bois.

142 — Un Groupe **Divinité chinoise** regardant sa main.

Bronze chinois.

143 — Un Groupe **Divinité** sur un crapaud.

Bronze chinois.

ÉMAUX CLOISONNÉS

MONTÉS ET NON MONTÉS

JARDINIÈRES, FLAMBEAUX, GUÉRIDONS
VASES ET DIVERS

---

144 — Une **Jardinière.**

> Émail cloisonné, vieux Chine, fond
> rouge. Sur pied.

145 — Une paire de **Jardinières** ovales.

> Émail cloisonné de la Chine, fond
> blanc à dessins.

146 — Une **Jardinière.**

> Émail cloisonné de la Chine.
>
> Monture bambou, vieil or.

147 — Une **Jardinière** carrée en porcelaine verte.

Vieil or.

148 — Une paire de **Flambeaux** Perdrix.

Émail cloisonné de la Chine, jaune.

Garniture vieil or.

149 — Un **Guéridon** rond.

Émail cloisonné de la Chine, fond blanc.

Monture en bronze, vieil or.

150 — Un **Guéridon**.

Plaque émail cloisonné, vieux Chine, fond bleu.

Décor vieil or.

151 — Une paire de grands **Vases.**

Émail cloisonné de la Chine, sur trépieds Éléphants.

Décor vieil or.

152 — Un grand **Brûle-Parfums.**

Émail cloisonné de la Chine avec couvercle.

153 — Une paire de grands **Vases.**

Émail cloisonné de la Chine, fond bleu.

154 — Une paire de **Vases.**

Émail cloisonné de la Chine.

155 — Une **Coupe.**

Émail cloisonné de la Chine, fond jaune.

Monture bambou.

156 — Une **Coupe.**

> Émail cloisonné de la Chine.

> Monture bambou.

157 — Une **Coupe.**

> Émail cloisonné de la Chine ancien,
> sur pied.

158 — Une paire de **Pigeons.**

> Émail cloisonné de la Chine, ailes
> fermées.

159 — Une paire d'**Eléphants.**

> Émail cloisonné chinois, fond blanc.

160 — Une paire de petites **Grues.**

> Émail cloisonné de la Chine.

161 — Deux **Pigeons.**

Émail cloisonné bleu.

162 — Une paire de **Plaques.**

Émail cloisonné, vieux Chine, carrées.

Cadres bronze doré au mercure.

163 — Une paire de **Candélabres** chinois carrés.

Décor vieil or.

164 — Une **Plaque** ronde.

Émail cloisonné de Chine.

Cadre bronze doré au mercure.

165 — Une **Plaque** ronde.

Émail cloisonné de Chine.

Décor à vases et fleurs sur fond bleu.

166 — Une **Plaque** ronde.

Émail cloisonné de Chine.

Décor à chimères et oiseaux.

167 — Une paire de **Crapauds**.

Émail cloisonné de Chine.

168 — Une paire de **Chiens de Fô**.

Émail cloisonné.

169 — Une paire de **Coqs**.

Émail cloisonné de Chine.

170 — Une paire de **Plaques** carrées.

Émail cloisonné de Chine, dont une
dans un cadre en bois.

171 — Une **Plaque** ronde.

Émail cloisonné de Chine.

Vases de fleurs sur fond bleu.

172 — Une **Plaque** ronde.

Émail cloisonné de Chine.

Bateaux et jonques.

173 — Une **Plaque** ronde.

Émail cloisonné de Chine.

Bateaux et jonques.

174 — Une **Plaque** ronde.

Émail cloisonné de Chine.

Oiseaux noirs.

175 — Une **Plaque** ronde.

Émail cloisonné de Chine.

Vase de fleurs.

176 — Une **Plaque** ronde.

Émail cloisonné de Chine.

Paysage.

177 — Une **Plaque** ronde.

Émail cloisonné de Chine.

Paysage.

178 — Une paire de grandes **Coupes**.

Émail cloisonné de Chine.

Décor corbeaux.

179 — **Théière.**

Émail cloisonné de Chine ancien.

180 — Une paire de **Coupes** jade vert.

Garniture bronze.

Vieil or.

181 — Une paire de **Vases**.

Bronze incrusté.

182 — Un **Schibachi** (brûle-parfums).

Bronze chinois.

183 — Un **Ane**.

Bronze chinois ancien.

PORCELAINES DE CHINE

184 — Une paire de grandes **Jardinières**.

Porcelaine de Chine, famille verte.

185 — Une grande **Jardinière**.

Porcelaine de Chine.

Dragons bleus sur fond blanc.

186 — Une paire de **Potiches** sexagones.

Porcelaine, pieds bois.

TABLEAUX

—

MARCELLO

187 — Tète orientale.

Haut. 1^m, long. 0^{m}80

MOULLION

188 — Dans les blés.

Haut. 0^{m}80, long. 1^{m}50.

A. DE THUYLL

189 — Portrait de vieille femme.

Haut. 0^{m}81, long. 0^{m}64.

V^{es} Renou, Maulde et Cock, imprs de la Compagnie des Comissaires-Priseurs. rue de Rivoli, 145.   43031

9 782329 513942